# ELEFANTES

## SERIE: LA FAUNA SILVESTRE EN PELIGRO

Louise Martin

Versión en español de Aída E. Marcuse

The Rourke Corporation, Inc.
Vero Beach, Florida 32964

**Library of Congress Cataloging-in-Publication Data**
Martin, Louise, 1955-
   [Elephantes. Spanish.]
   Elefantes / de Louise Martin. Versión en español de Aída E.
Marcuse
      p.  cm. — (La fauna silvestre en peligro)
   Incluye índices.
   Resumen: Describe las dos últimas especies que quedan de
elefantes, el africano y el asiático, y cuenta cómo luchan esos
animales por su supervivencia, tanto contra el hombre como contra
la naturaleza.
   ISBN 0-86593-336-7
   1. Elefantes—Literatura juvenil. 2. Especies en peligro—Literatura
juvenil. 3. Protección de la fauna silvestre—Literatura juvenil.
[1. Elefantes.  2. Animales en peligro de extinción.  3. Protección de
la fauna silvestre. 4. Materiales en idioma español.] I. Título.
II. Series: Martin, Louise, 1955-    La fauna silvestre en peligro.
Español.
QL737.P98M3718   1993
639.9'7961—dc20                       93-22878
                                         CIP
                                         AC

# ÍNDICE

# LOS ELEFANTES

Los elefantes son los mamíferos terrestres más grandes del mundo. Aunque existían muchas clases distintas de elefantes, hoy sólo quedan dos: el africano *(Loxodonta africana),* el más grande de las dos **especies,** es fácilmente reconocible por sus enormes orejas colgantes, y el asiático *(Elephas maximus),* también llamado elefante de la India, que no es tan grande y tiene orejas mucho más pequeñas.

*Los elefantes africanos tienen orejas enormes*

## DÓNDE VIVEN

Como su nombre lo indica, los elefantes africanos viven en África, y los asiáticos en Asia. Los elefantes africanos solían ser comunes en toda África al sur del desierto del Sahara. Pero hoy ya no quedan tantos. También hay menos elefantes asiáticos: la mayor población de ellos se encuentra en la India, donde hay más de 20.000. Muchos de esos elefantes son considerados animales de carga: la gente los usa para arrastrar cargas pesadas por la selva, donde las máquinas no pueden entrar.

*Los elefantes asiáticos ayudan a la gente a trabajar en la selva*

## QUÉ AMENAZA A LOS ELEFANTES

Como tantos otros animales, los elefantes están luchando por su supervivencia, tanto contra el hombre como contra la naturaleza. Los humanos están destruyendo las selvas donde viven los elefantes asiáticos y matando los elefantes africanos por sus **colmillos de marfil.** La naturaleza provoca sequías en África y destruye los lugares donde los elefantes se alimentan. De los dos factores que amenazan la supervivencia de los elefantes, los humanos son el peor.

*Los elefantes viven en selvas como ésta*

# LA CAZA DEL ELEFANTE

Durante miles de años, la gente ha cazado elefantes por sus colmillos de marfil. Se estima que a principios de nuestro siglo, 100.000 elefantes al año eran matados por esa razón. Hoy, el comercio del marfil es controlado por el gobierno en la mayoría de los países, y sólo puede matarse cierto número de elefantes por año. El marfil, como el oro y las joyas, obtiene un precio alto. Los peores enemigos de los elefantes son los **cazadores furtivos,** quienes los matan sin permiso del gobierno. Les sacan los colmillos y los venden ilícitamente.

*Un elefante africano con sus colmillos de marfil*

*Un elefante de la India comiendo*

Los elefantes se sirven de la
trompa y los colmillos para comer

# LOS ELEFANTES Y LOS CAMPESINOS

Los elefantes también tienen que competir con los humanos por su territorio. En Asia se están destruyendo los bosques y las selvas donde viven los elefantes para dejar paso a las granjas. Los elefantes son comensales muy desordenados: irrumpen a través de la selva tirando abajo los árboles y destruyendo más de lo que comen. Si un campesino ve un elefante perdido entrando en su campo, lo matará para evitar que arruine sus cosechas. Para proteger a los elefantes de los campesinos y los cazadores furtivos, muchos han tenido que ser enviados a reservaciones.

*Una elefanta con su elefantito*

## EN BUSCA DE ALIMENTO

Los elefantes tienen un apetito enorme. Los que están completamente crecidos comen cuatrocientas a quinientas libras (180 a 225 kilogramos) de pasto, hojas, frutas y corteza de árboles por día. Las manadas van de un lugar a otro

en busca de agua y alimentos. Destruyen la **vegetación** por donde pasan y van a buscar comida a otro sitio. En las reservaciones, los elefantes no tienen tanto territorio disponible, y tienen que volver una y otra vez a los mismos lugares, antes de que la vegetación se haya recuperado y pueda servirles de alimento. A menudo no encuentran comida suficiente.

*Un elefante excava el cauce seco de un río en busca de agua*

# LAS CRÍAS DE LOS ELEFANTES

Los científicos descubrieron que los elefantes que no tienen comida suficiente tardan más en alcanzar su tamaño adulto. Eso significa que las elefantas suelen no tener **elefantitos** hasta los diez y ocho años. Normalmente, los elefantes tienen elefantitos cada cuatro años, pero ahora muchos sólo tienen fuerza suficiente como para tener cría cada ocho años. Los científicos están tratando de encontrar nuevas maneras para que los elefantes de las reservaciones puedan alimentarse bien. De ese modo podrán ser lo suficientemente fuertes como para tener elefantitos saludables que perpetúen la especie.

*Los elefantes pueden vivir*
*a salvo en las reservaciones*

# LOS ELEFANTES NECESITAN AGUA

Los elefantes necesitan unos treinta galones (135 litros) de agua por día, para beber y mantenerse frescos en el tórrido sol africano o de la India. Pueden cargar hasta un galón y medio (6 litros 3/4) de agua en la trompa cada vez, para rociarla sobre sus cuerpos, orejas y bocas. En tiempos de **sequía,** o períodos en que no llueve, los elefantes tienen que excavar los cauces secos de los ríos para procurarse agua. Para hacerlo, cavan la tierra reseca de la superficie con sus patas delanteras hasta que llegan al agua que está abajo.

*Un elefante africano macho arremetiendo impetuosamente en la sabana*

## CÓMO PODEMOS AYUDAR

Hace tiempo, los elefantes no tenían problemas para encontrar alimentos y agua en cantidades suficientes. Pero un día los seres humanos empezaron a alterar el balance natural en la sabana africana y las selvas de Asia. Ahora los hombres están tratando de restaurar algunos lugares para que los elefantes puedan vivir allí. Las selvas nunca volverán a alcanzar su tamaño anterior, pero pueden ser reemplazadas por grandes reservaciones de animales. Allí, los elefantes podrán vivir, alimentarse bien y estar a salvo de los cazadores furtivos.

## Glosario

**cazadores furtivos** (ca-za-do-res fur-ti-vos) — gente que caza animales sin tener permiso para hacerlo

**colmillos de elefante** (col-mi-llos de e-le-fan-te) — largos dientes que sobresalen a ambos lados de la boca del elefante, hechos de cierto tipo de hueso.

**elefantito** (e-le-fan-ti-to) — cría del elefante

**especies** (es-pe-cies) — término científico que significa tipo o clase

**sequía** (se-quí-a) — escasez de agua debida a la falta de lluvia

**vegetación** (ve-ge-ta-ción) — nombre colectivo que se da a las plantas y los árboles

# ÍNDICE ALFABÉTICO